# しんぷるらいふ

かわしまよう子

アノニマ・スタジオ

いつでも歌えるように
その風に耳をすまそう
いつでも踊れるように
そのぬくもりを肌にあてよう
――自分らしく笑っていけ――
飛びたつ鳥の　はばたきのように

# はじめに

人が何かを好きになるには、それなりの理由があると思いますが、憧れているものを好きになる、というのもそのひとつだと思います。

そして、好きになったものにはできるだけ近づきたいと思うもの。たとえばそれが、ものでも人でも。どうやったら近づけるだろうと考えて、ふと気づくとがんばっていたりするのです。

私にもたくさんの好きなものや、好きな人がいます。

なんだかんだ言いながら、好ききらいのはっきりした性格は悩みのタネでもありますが、好きになる理由を考えてみると、それはシンプルであること。シンプルなものに憧れ、好きになり、自分もまたシンプルでありたいと日々思っています。

シンプルを直訳すると質素。無駄や飾り気がなく、素朴、単純、簡単、簡素という言葉に近い意味があります。

　最近ではいろいろな場面で使われるので、すっかり耳慣れた言葉になってしまいましたが、この本は私の考えるシンプルな暮らしを提案するために、あえてひらがなで題しました。そして、シンプルって何だろうと考えながら作ったのが、「しんぷるらいふの十か条」です。

「しんぷるらいふ」は節約をすることとは違います。ものや自然を大事にしながら、毎日の暮らしに小さな花を咲かせること。その花が咲いているときのことを、「しんぷる」といっています。

しんぷるらいふの十か条


一　自然を好きになること　12
二　似ているもの探しを得意にすること　22
三　昔ながらのものを大事にすること　30
四　手を動かすこと　40
五　収納についてよく考えること　46

六　少しの材料で料理ができること　50
七　ゴミ箱を小さくすること　58
八　小さな花を飾ること　84
九　小さな夢をもつこと　92
十　小さなことを大切にすること　98

はじめに　6　おわりに　102

デザイン　かわしまよう子
アノニマ・スタジオ

# 一

## 自然を好きになること

もうずいぶん前になりますが、花が好きな人は自然が好きなんだ、と思ったことがありました。

花といっても、名もないような小さな雑草もあれば、甘い香りが漂う花もあります。いろんなタイプの花があるように、人にもいろんなタイプがあると思いますが、私のまわりにいる花好きな人を見ていると、育てている鉢についた蕾の数を教えてくれたり、偶然見つけた小川へ連れて行ってくれたり。ささやかでも、自然と触れあうことにたのしみを感じている人が多いような気がします。

花が好きな人には、草むらに転がる空き缶や、新しい道路ができる話に眉をひそめる人も多いかもしれません。

好きという気持ちが、人に特別な思いを抱かせる根っこの部分だからでしょうか。花を好きな人は、自然の中から生まれてきたものを大事にしているのだと思いました。

そして、自然を大事にしている人は、みんな〝もの〟をとても大事にしています。十年も二十年も使い続ける。そんなことはぜんぜんふつうで、暮らしぶりを見ているとうれしくなってきます。

取っ手がとれた部分に麻ひもをぐるぐると巻きつけてある鍋。捨てられていた傘のビニールを、一枚ずつ縫い合わせて作ったビニールシート。「何これ？」って聞きたくなるほどヘンテコな形になったものでも、ヘンテコであればあるほど、やさしい眼差しと手つきで使い続けているのです。

私の祖母は、「ものにも気持ちがあるんだよ」と言っていました。壁にぶつかると、「痛かったねぇ」とへこんだところを手でさすったり、着られなくなったシャツでも、かわいそうだと言いながら、アームカバーやエプロンに作り直したりしていました。

ものと自然はどこかで必ずつながっているものです。自然を大事にしていると、ものも大事にしてしまうのです。

そして、ものを大事にしている人は、人も大事にしていて、ジンとさせられたことが何度も何度もありました。困っているときに手をかしてくれた人。落ち込んでいるときに励ましてくれた人。出会う人をすぐに好きになるようで、家族のように声をかけてくれるのです。

人からいただいたものは、どんな小さな紙きれでも机の中にしまっていたり、手作りの贈りものをいただくと、それはそれは喜んだり。ものを大事にすることは、人を大事にすることと見えない糸でていねいに結ばれているのだと、あたたかい記憶をたぐりながら思うのでした。

人を大事にすると、大事にした人も、された人も、幸せな気持ちになってゆきます。幸せはこころの中のとがった部分を丸く削ってくれるので、まわりにいる人もみんなやさしくなってゆきます。

人を大事にする人は、たまに腹をたててもあまり長くは続きません。それは「ありがとう」とか「ごめんなさい」といった、シンプルな気持ちをもっているからなのでしょう。

シンプルって、ひとつのことにこころを込めて専念することをいうのかもしれません。自分のことはそっちのけで、誰かのために一生懸命になることをいうのかもしれません。自分の気持ちに素直に正直に生きることもシンプルだと思うのですが、シンプルって、どんなときでも忘れたくない、大切なことをいうのかもしれません。

私は自然もシンプルだと思っています。

自然には人が一生をかけてもわからないことが山ほどあるので、複雑とみれば複雑なものです。けれど、野山や道の傍らに咲く花をじっと見つめていると思うのです。「こんなふうにシンプルになれたらいいなぁ」と。

みんながシンプルな気持ちをいつまでももっていられたなら。

見上げた空も、足もとの土も、風に舞うひとひらの葉っぱも、もしかすると今とほんの少し、違った色に見えるかもしれません。

花を好きな人は　花を大事にする
花を大事にする人は　自然を大事にする
自然を大事にする人は　ものを大事にする
ものを大事にする人は　人を大事にする
人を大事にする人は　幸せになる
幸せになると　やさしくなれる

DUNLOP

SAFETY.UP

# 二

## 似ているもの探しを得意にすること

「シンプルに暮らす」ってどんなことをいうのでしょう。

ただ〝ものが少ない暮らし〟ということがシンプルなわけではありません。ですが押し入れからどどっと服があふれていたり、いつもゴミ箱がいっぱいにふくれているような人の生活は、シンプルとはいえないような気もします。部屋の中は適度に片づいていて、押し入れの中にも余裕があって、畳や床のうえもすっきりしていたほうが、ずっとシンプルに見えるでしょう。

では、その〝シンプルに見える〟暮らしについて。

お金を出せばなんでも買える今の時代なので、まずは似ているもの探しを得意にすることからはじめてみます。

「あれがない」と思ったとき「これでなんとか」とひらめくこと。「これいらない」と思ったとき固定観念を捨てて、「こんなふうに使ってみよう」と新しい使い方を考えてみること。ものはいちいち買ったり、いちいち捨てたりしないのです。

たとえばドアストッパーなんて、大きな石ころがひとつあればじゅうぶんです。どんな石を拾おうか、を考えるたのしみと、それを口実に、海や川に出かける機会にめぐまれるかもしれません。

それでも「石ころなんてフツウすぎるんじゃない？」という人は、重くて小さくてひっくり返らないようなものを、家の中から探してみてはどうでしょう。できれば「何これ？」って聞かれるようなもの。誰も思いつかないようなものを探して、得意満面の笑みを浮かべてください。

びんのふたをなくしたときも同じで、それでびんを捨てたりしてはいけません。ふたがなくても使える方法を考えればよいのだし、まわりを見わたせば、ふたの代わりになるものなんていくらでも見つかるはずです。似ているものをどんどん探して、自分らしい暮らしをたのしみましょう。

似ているもの探しが得意になれば、きっとものは減るでしょう。きっとゴミも減るでしょう。

じょうご⇒小さな鉢

古木に打った釘にさして使う

あきびん⇒ブックエンド

中に砂や水を入れてふたをするとよい

たまには愛嬌でおもてなしを

缶箱のふた＝おぼん

必ずセットで飾ること

徳利とおちょこ＝花びん

将棋盤 ⇒ ちゃぶ台

パソコン台として使用中

みそこし ⇒ 小物入れ

植物も植えられる（『はなのほん』より）

磨くくつがなくても

くつブラシ ⇒ カードスタンド

びんのふたでも大丈夫

ペットボトルのふた ⇒ はしおき

ふたがなくても　あせらない　あせらない

味の素

# 三

## 昔ながらのものを大事にすること

昔ながらに使われているものは、シンプルな形で、人目をひくような装飾のないものがほとんどです。

私の家にある祖母からゆずってもらった電気炊飯器は、スイッチボタンがたったのひとつ。相当長い間使っているので、かなりのアジが出ていますが、昔に作られたものは機械でさえシンプルだと思いました。

それはきっと、使うために生まれてきた形だからでしょう。ざるやすだれ、亀の子だわしや熊手など。シンプルなデザインでも使い心地は天下一品。「なるほどォ」とうなりたくなるほど、すぐに体に馴染んできます。

色味はなくて、味気なくて、それなのに値段にマルがたくさんついているものも中にはあります。けれど、昔から人の手で作られ、使い続けられているものには、それを作らせてくれた自然への、感謝の気持ちを感じるのです。

日常でよく使われるものは、一、二年で成長する竹や木や草を材料にしたものが多いです。身近な素材で形がシンプルであれば、壊れてもすぐに修理ができるので、ものを大事に長く使うことにもつながってゆくでしょう。

自然のものをそのまま素材にして作られたものは、もしも使えなくなったとしても、いつかは土に還ります。

「ものと自然はどこかで必ずつながっている」

少しくらい値段のマルが多くついていても、昔ながらのシンプルなものと仲良く暮らしてゆきたいです。

## 昔ながらのものたち

流れる季節を追うように、その時代の自然の知恵を詰めこんで、
昔ながらのものは生まれてきました。
どこから見ても地味ですが、その素朴さの底にある懐の深さに
グっときます。

うちわ
クーラーばかりに頼らず
天然の涼風を、ぜひ。

ものさし
なぜか惹かれてしまう
竹の素材。

湯たんぽ
湯を抱えていると思うと
ふしぎな気分にひたれます。

手ぬぐい
拭いてもよし　！
巻いてもよし　！
包んでもよし　！

しゅろ
毛先が痛んだら
ハサミで切って使っていきます。

ざる
部屋の中にあると
ホっとする。

スイッチ
なんでもそう
ひとつあればそれでいい。

じんたん入れ
コルクで栓をする古いものですが
水が入るものには、つい……。

すだれ
夏の暑さはずいぶん
しのげるものです。

えんぴつ
カッターで削ることが
たのしみでもある。

ふんどう
小さなかけひきを
するときに使います。

ちゃぶ台
がんばれば何人でも
座れそうなところがよい。

黒板
何回でも使えるってすばらしい。
問題は、消さなくちゃ
次が書けないところ。

グっとくる

びん
手作りの古いびん。
存在感にグっとくる。

あなたが笑うとき
その手も笑った
やさしい気持ちのひとつひとつは
ほんとはその手が伝えている
カタカタカタ……
……コトコトコト……
聞きなれた音のなかにも、 ほら
その手があなたの気持ちを伝えている

# 四

## 手を動かすこと

手を動かすことは、ものを長く大事に使うために大切なことです。壊れて使えなくなったものでも、ほんのちょっと手を動かすことでまだまだ一緒に暮らせるものは、どれくらいたくさんあるでしょう。

以前、穴のあいたくつ下を繕ってはいていたら、貧乏なの？　と心配されたことがありました。「買えばいいじゃん」と言うのです。たしかにくつ下なんて、いまどき百円でも売られていて、三足千円が相場。そこまでお金がないわけでもないのですが、それでも繕ってしまうのは、祖母から受け継いだ大事なクセかもしれません。

ほんのちょっと繕うことで、すぐに消えてしまう小さな穴。捨てられてしまうものの気持ちを想像してみると、「もう無理！」ってうなられるくらい、がんがんはいてあげたくなります。

くたくたになればなるほど、くつ下はきっと喜ぶでしょう。小さな糸の点々模様を、「かわいいじゃん」とあたたかな目で見つめてほしいと思います。

電化製品の場合も、くつ下と同じです。こればかりは壊れても自分ではなかなか直せないものですが、「買ったほうが安いですよ」と新しい商品をすすめられても、少しの手間と少しの割高くらいであれば修理に出して、なるべくゴミにしないであげたいです。

ものを使う人も、ものを作る人も、ものがもっと長生きできるように応援しましょう。便利で安いものには惹かれてしまうこともあるのですが、「使い捨て」という言葉が忘れさられて消える日を、一日でも早く来いと願っています。

手のぬくもりを感じるものはシンプルです。
手のぬくもりを感じているときの
こころの中もシンプルです。

## 刺し子

新しいものが手に入りやすくなったので、「縫う」という手仕事が暮らしから疎遠になってしまいました。古くから伝えられてきた日本の刺繍の刺し子は、少しでも布を丈夫にして、少しでも長く使えるようにと始まったものです。

その美しい模様には、ひとつひとつに意味があります。たとえば円をつなげてできる「七宝つなぎ」には、永遠の幸せや、子孫繁栄の思いを込めて、ひと針に祈る心をあわせて描かれています。

## 千羽鶴

　人の手にはふしぎな力が集まります。その力を形にしてくれるのが、この千羽鶴ではないでしょうか。

　今まで何度ともなくチャレンジしましたが、じつは一度も達成できたことがありません。千羽を折るというのはなかなかすごいことです。それを作りあげてしまうほど、何かを強く思う気持ちがあれば、願いはほんとうに届くと信じています。

# 字

字はその人をあらわしていると
いいますが、ほんとうにそうだと
思います。その人の性格がなんと
なく形になっていくと思うし、そ
のときのこころの中まで、そのま
ま伝えるための言葉になるのです
から。

手紙ってすごく大事ですね。同
じ言葉でも、字のかたちで伝わり
方はぜんぜん違うのです。

# 五

## 収納について
## よく考えること

「収納」ときくとドキッとします。押し入れ、冷蔵庫、バッグの中。自分の暮らしを一瞬だけ思い出して……目をとじます。

ここだけの話ですが、私は生まれつきの収納下手です。子どもの頃の部屋といったらいつもぐしゃぐしゃで、とても人には見せられないものでした。基本的にものが捨てられない性格なので仕方がないのですが、行き場のないひもや紙や布がわんさか。部屋のまんなかにごろごろしていました。

「これじゃいかん！」と何度腹に力を入れたことでしょう。力を入れてもすぐにぐしゃぐしゃになって、ぐしゃぐしゃになっては力を入れて。それで最近、やっと自分らしい収納スタイルを考えられるようになってきたと思います。

自分らしい収納スタイルとは〝なんとなく〟収納されていること。

カッチリ片づけてもそうそう長くは続かないことが、やっとわかったみたいです。眉間にシワを寄せない程度にあくまでもなんとなく。日々の暮らしは、「たのしみながら」が基本ですから。

でも、いつかは収納の達人になるという夢は、いまだこりずに持っています。コツコツでも、あきらめずに努力していればいつかはなんとか叶うもの。夢ってそういうものなのです。

私の場合一年に一回くらいでしょうか。暑くもなく寒くもなく、体調もよくて気が向いたときに、いつになく気合いを入れて片づけます。意外なところから意外なものを発見してにやにやと喜びながら、押し入れや棚の奥に手をのばしたりするのでした。

収納がきちんとできたら二重購入の防止にもなるので、余計なものは増えなくなります。すっきり片づけられると置き場所がないという理由で、ゴミ箱行きになるものもなくなるかもしれません。

部屋は、暮らしている人のこころの風景。

無理のない自分らしい部屋で暮らしたいです。

## ○ラベル作りは収納上手への一歩なり

収納に使う箱やびんは、できるだけ家の中から出てきた、いらなくなったものを使いましょう。ラベルを貼ると、中身が分かりやすいだけでなく、収納意欲も湧いてきます。

部屋の中を片づけるとき、スッキリ見せたくなる気持ちはわかりますが、
未練のないものでもドシドシ捨てるのはちょっと待ってください。
今あるものは大切に。いつか何かに使えるかもしれません。

# 六

## 少しの材料で料理ができること

ゴミが出ない生活なんてありえません。ゴミが出ることはふつうのことで、そんなに悪いことでもないと思っています。

〝でもそれはちょっと……〟と声を出したくなるときがたまにあります。そのひとつが食べ残し。食べきれなくなったものや、賞味期限が過ぎて捨てられてしまうものなど。「食べ物を粗末にするとバチがあたる」と、戦前を生きてきた祖母の口癖がこころの中にひびいてきます。

個人的なことですが、私はごはんつぶをお茶碗につけたまま「ごちそうさま」をするひとが苦手です。洗いものをするときに気になる、というA型の性はあるにしても、ほんとうに些細なことですが、食べ物を捨てたり残したりすることは、その人の暮らしぶりにつながっているように思うのです。

汗水流してお米を作ってくれた農家の方へ、一生懸命に料理を作ってくれた人へ、もっと感謝しながらいただきましょう。

冷蔵庫の中にある少しの材料で料理ができるようになると、食品を食べきれずにダメにしてしまうことが減るのではないでしょうか。食べるために買ってきたものは、残すことなく全部食べたい。私もまだまだ修行中ではありますが、反省と後悔を繰り返しながら台所に立っています。

ひとり暮らしの人も工夫をこらして、ごはんは家で作りましょう。燃やせるゴミの内訳でもっとも多いのは、紙クズと生ゴミなのだそうです。

## ◉台所に立つときの心得

一　洗いものの洗剤はひかえめに

はじめのうちは大丈夫？　と思いましたが、いつも使っている器や油分の少ないものは、水洗いで十分です。

二　いったん火をとめて余熱でうまく調理する

パスタを茹でるときや煮物料理など。茹でたり煮ている間に何ができるかを考えながら。料理は頭の体操です。

三　定期的に冷蔵庫のなかをカラッポにしてみる

いつか食べようと大切に残していたものがどこかに眠っているかもしれません。カラッポに近づくと、アイデア料理が生まれることも。

## 四　ふきんやタッパーを使いこなす

余った食材や食べ残しはふたのあるタッパーの中へ。私はラップやキッチンペーパーはめったに使いません。ヨーグルトやバターが入っていたふた付きの容器もタッパーになります。

## 五　生ゴミは、ぎゅうううぅぅと水分をしぼる

これだけのことでずいぶんゴミ処理費用は軽減されるそうです。

## 六　まぜまぜ料理を作ること

たくさんの種類の食材や、なかなか使い切れない調味料が余りそうなときは、カレーやハンバーグを作ります。「こんなものを?」と思うものでも、小さく刻めばコクとなってけっこう美味。

## ◦捨てないレシピ

みかんの皮

しいたけの軸

大根の皮

小さく刻んで肉や野菜を炒めるときに。紅茶などの飲みものに入れても。

根元のかたい石づきだけを切りおとします。軸はうすく細く切ってスープでも炒めものでも、ごはんを炊くときでも、なんにでも入れてダシにしながらいただく。

大根の皮剝かずに食べることが多いのですが、剝いた皮は千切りにして塩でもみ、お新香に。みかんの皮との相性もよいです。きんぴらやお味噌汁の具にもおいしい。

ブロッコリーの茎
キャベツの芯
お茶がら
ピーマンの種
味噌の残り
長ねぎの葉っぱ
大根の葉っぱ

表面がかたければうすく剝いて、いつものように茹でたり炒めたりしていただく。

びっくりさせたらごめんなさい。ハーブと思ってカレーに入れることも。

わざわざ取らずに料理する。気にしないでいたら、気にならなくなりました。

みそこしでこしたあとの麦や豆の残りは、肉や野菜と炒めて、元気がでる一品に。

ゴマ油で炒めて、鰹節をかけていただく。切り落とした大根の上部は、水につけていると葉っぱが伸びてきて、初夏には花を咲かせることもある。

たのしみを感じる力
自分で見つけていく力
きれいに咲くということより
自分らしく咲くということ

# 七

## ゴミ箱を
## 小さくすること

ゴミ箱は、かなりがんばって探していた時期がありました。大きすぎないこと。小さすぎないこと。存在感がありすぎないこと。ふたがあること。機能美を感じるもの、など。けれど、ひとり暮らしをはじめてから今にいたるまで、なかなかお気に入りを見つけることができず、最近はもう諦めています。

はじめのうちは、ペダルをふむとパカっとふたが開くゴミ箱を使っていましたが、せまい部屋では置き場所を選ぶことと、これまで住んできた畳の和室になんとも似合わないこともあって、今はふつうの収納箱として使っています。

洒落たかっこいいゴミ箱もいくつか見つけました。けれど、ゴミ箱に入るものは所詮ゴミ。外見と中身がアンバランスなのは、あまりよいことではないと思ったのです。

けっきょく「とりあえず」と買ったビニールの買い物袋をかけられる折りたたみ式のゴミ箱を、十三年ほど使っています。

そうこうするうちに、ゴミ箱はひとつでは間に合わなくなってきました。分別問題がじわりじわりと近づいてきたようです。

燃えるゴミ。燃えないゴミ。再利用される資源ゴミ。地域によって分別の仕方はさまざまですが、あるところでは二十品目以上に分けているところもあると聞きました。

東京二十三区内のゴミは、いまのところ燃えるゴミとビニール、プラスティックなどの燃えないゴミ。それから、びん、缶、古紙の再利用できるものを、資源としてゴミの集積所で回収しています。そのほか、粗大ゴミや家電系のリサイクル品もありますが、日常的に出るゴミは、まだそんなに生活をややこしくはしていません。

もしもゴミの分別が細かくなってきたら、ゴミ箱を部屋の中にずらずら並べるのでしょうか？　それって、それをしなくちゃいけない現実って、面倒くさくないのでしょうか？　ゴミを捨てるたびにいちいち「待った」をかけられる。それが毎日つづくってどうでしょう。たのしく暮らしてゆけるのでしょうか？

ゴミ箱の中へポンと捨てられたゴミは、ゴミ集積所で回収されたあと、燃やされたり、砕かれたり、あるいはその状態のまま、山あいや海の中へ捨てられていきます。

私が住んでいる東京都は、すべてのゴミを可能なかぎり小さくして東京湾へ処分しているのですが、それでもあと三十年で、海はゴミでいっぱいになるそうです。つまり、東京湾はあと少しでゴミで埋め立てられて消えてしまうのです。

海の中は、私たちのふだんの暮らしからはかいま見ることのできない世界ですが、私たちと同じ命を持つ生きものたちが暮らしている場所。そしてはるか昔からずっと、自然のバランスを整え続けてきたかけがえのない場所です。もちろん海の中だけでなく山の中も同じです。ほんの少し目をこらしただけではわからない、生きる力をつなげてゆくための法則があるところなのです。

分別が細かくなっているということは、そんな自然の姿がどんどん失われていることを語っているのかもしれません。


ゴミは、私たちの生活が豊かで便利になればなるほど増えてきました。分別問題をはじめ、リサイクルやゴミを減らす努力は、たしかに面倒かもしれませんが、自然の声にも耳を傾けながら「私たちに何ができるか」を考え、力を合わせてゆきたいです。

これ以上、水や空気が汚れてゆかないように。光や大地が消えてゆかないように。

たとえどんなに小さなことでも、ひとつひとつの力を集めると大きな力へ変わるのですから。

## 捨てる前に「使えないか？」のチェック☑をしましょう

毎日の暮らしの中で、あたりまえのように捨てられてゆくものがあります。必要のないものは買わないこと。もらわないこと。それでも集まってしまったものは、何かに使ってあげましょう。

ひも □

・贈りものの包装
・梱包材料
・紙袋の持ち手
←
・キーホルダー
・贈りものの包装
・かごを編む

探すと意外に見つからないので、ビニール袋に入れてとっています。

## ビニール袋 □

・ダイレクトメール
・野菜袋
・贈りものの包装
←
・雑誌などの切り抜き入れ
・クリップなどの小分け袋

画期的なアイデアが浮かばず考え中。ラップの代用にもなりそう。

## フィルムケース □

・フィルムケース
←
・小物入れ
・粉末入れ
・液体入れ

フィルムケースは写真の現像所でリサイクル品として回収しています。

## うら紙□

・包装紙
・FAX用紙
・カレンダー
←
・メモ紙
・便せん

送る相手に失礼のないように。うらを読むのもたのしみのひとつです。

## 紙□

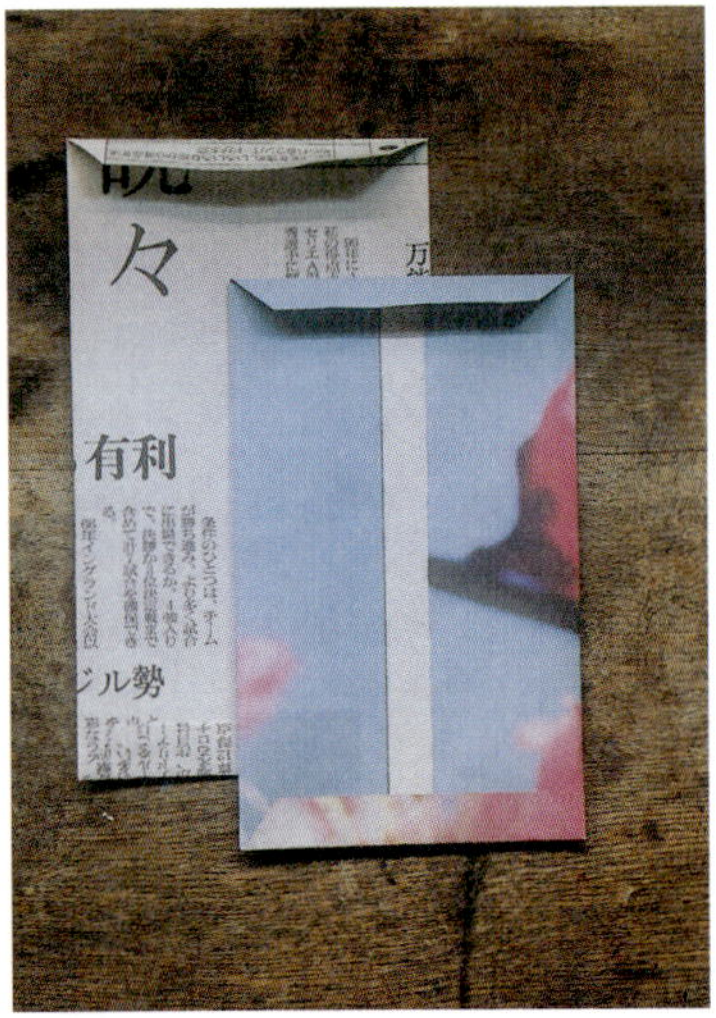


・包装紙
・新聞紙
・チラシ
・カタログ
・紙袋
←
・封筒
・収納袋
・ぽち袋

使える紙は再利用。それでも余ったらリサイクルへ。

・紙ならなんでも
←
・小箱

生ゴミや消しゴムのくず、落花生のカラなどそのまま捨てたいときに。

◎ゴミも拾えば……

鹿児島県にある小さなゴミ処理場で拾ってきたもの

私の家には旅先や散歩の途中で拾ったものが、けっこうあります。

画期的といえるほど人に自慢できるものはあまりないのですが、いつか何かに使えるかも、と期待して持ち帰ってきたヘンテコなものがごろごろあります。

そのなかで（数少ない）すぐれものといえば、燃えるゴミの日に捨てられていた本棚。捨てられてゆくよりはよいだろうと思い、申し訳ないと思いつつも玄関でスリッパ入れとして活躍中。

そのほか、八百屋さんからもらってきたアスパラガスが入っていた木箱は本箱に。木工所で燃やされる寸前だった一枚板は、神棚みたいな飾り棚に。だいたいのものは「空間をいろどる小物たち」というかんじで、それを拾ったときの思い出とともに、部屋に飾ってたのしんでいます。

箱いっぱいのボタンや、たくさんの小さなあきびんなど。最近は拾ったものを人からもらうことも多いのですが、でもそれって、けっこううれしいです。

アジと思えば世界は広がる
拾ったものコレクション

バドミントンの羽
鹿児島県、桜島の砂浜

車輪
近所、燃えないゴミの日

もしかして滑車？
ずっしりと重たくて、拾った
ことをちょっと後悔している。

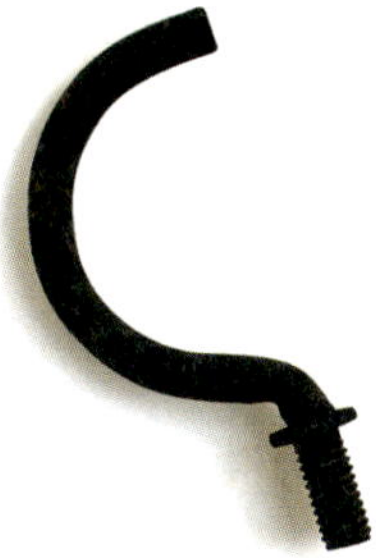

約10cmのフック
近所、空き地

家が取り壊わされたあとの空
き地では、ふだん見慣れぬも
のに遭遇しておもしろい。

釣り具
鹿児島県、屋久島の海

旅の思い出として屋久島に行く
たびにひとつ拾う。落ちている
ところには売るほど落ちている！

グっとくる

灰皿
鹿児島県、廃校の小学校

木造校舎が取り壊される日にもらってきた。キャンドルホルダーや鉢のせ皿に。

レコード95枚
近所、燃えないゴミの日

持ち主は舟木一夫のコレクターだったと思われる。ダンボールごと捨てられていたので。

タイムカード入れ
吉祥寺、家具屋のゴミ箱

捨ててあったものを店主にゆずってもらう。「これを？」と、顔をへの字にして驚いていた。

S字フック
鹿児島県、屋久島の海

お風呂場で洗濯物を干すときに使っている。海もきれいになったし、私も助かっている。

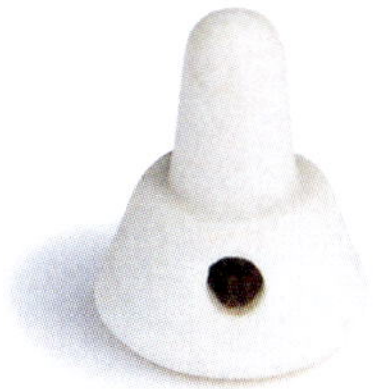

？
神奈川県、葉山の海

用途がはっきりしないものを拾って、想像力はきたえられる。玄関のはしっこに飾る。

座金
全国の道ばた

ゆっくり時間をかけて集めていこうと思っているもの。並べると多分きれいだと思う。

## ものと自然はつながっている

紙にしても布にしても、身のまわりのものはすべて、自然の中から生まれてきました。最近になってむずかしい名前の化学製品も増えてきましたが、私たち人間もふくめて、自然があるからこそ生まれてくることができたし、このような生活ができているのです。

私の住んでいる町では、夏の蒸し暑い昼時になると、光化学スモッグ注意報が発令されるようになりました。ピンポンパンポンの合図のあとに「車の運転を控え、外出や屋外の運動はやめましょう〜」という声がスピーカーから流れてきます。

今ではすっかり聞き慣れた声ですが、初めて耳にしたときのショックは忘れられません。風の心地よさを忘れてしまい、窓を閉めて冷房をかけて……では、地球はますます疲れていく一方です。

もしも自然を減らしたり汚したら、できるだけもとどおりにして自然にかえしてゆきたいです。「もとどおり」というのは木のものを使ったら木を植える、洗剤を使ったら水をきれいにする、という直接的なことだけでなく、たとえば紙きれ一枚でも「大切にしたい」という気持ちをもって使うこと。ほんのちょっとした気持ちですが、そういう小さな気持ちも、いつかは「もとどおり」と同じ意味へつながってゆくと思っています。

花は枯れたあと土に還り、その土の上でまた花は咲きます。自然は時間をかけながら、ゆっくりとまわり続けているものです。

この自然の流れは、私たちの力で動かすものではありません。もしも動かせる知恵を見つけても、決して動かしてはならないものです。自然の流れを止めないこと。自然のバランスをくずさないこと。これは本当の意味で、私たちの求めている「豊かさ」につながることではないでしょうか。

土に還らないものを土の中に埋めたりしない。地下鉄やトンネルを掘った土は、海の中へ埋めず、その土で山をつくりたい。

自然と私たちもつながって生きています。

## ゴミを少なくする方法

### 一　買い物はマイバッグを持って

少しでもゴミを減らすために、将来的に買い物袋は有料化されるそうです。何でもそうですが、お金を出して問題を解決するのは一時しのぎにすぎません。自然をおもいやる心を大事に、買ったものはマイバッグへ入れて、ビニール袋はなるべく使わないようにしましょう。

近所にある昔ながらの豆腐屋さんでは、お客さんが家から持ってきたタッパーへ豆乳をいれて売ってくれます。お金を出せばすむ、安いからよい。ものの大切さの基準はお金の中にはありません。

二　弁当、カップ麺はなるべくがまん

トレイなどのゴミを増やさないようにするために。自然というものはまわり巡りながら続いてゆくものです。ちゃんと土に還るもの以外なるべく使わないようにしたいです。なにより心身健康であるために！

三　割り箸、スプーン類はもらわないこと

タダ、はもちろんありがたいのですが、「使い捨て」のものは、なければないでなんとかなります。ティッシュや紙ナプキンも同じで、水で洗えるものは水で洗って、ハンカチや台拭きを使いましょう。

雨の日のデパートの入り口に置いてある、薄い透明の傘袋。私は使用後のものを拾って使っています。

四　お茶は煮だして作るべし

ペットボトルのコーナーに立つと、種類の多さにくらくらしてきます。お茶は煮だしたものが一番。外出するときは、家で作ったものをペットボトルに入れて持ち歩くこともあります。（お茶がらは花壇の中にパラリ）

五　詰め替え商品をえらぶ

洗剤、シャンプー、インスタントコーヒー、ボールペンなど。買い物をするときは、詰め替えができる商品を選びましょう。お店の方は、特価販売をするのなら詰め替え商品を、ぜひ。袋に入れて、箱に入れて、紙に包んで……。パッケージはもっとシンプルにしてもよいのでは？

## 六　子どもの遊び道具は家にあるもので

夢や自由な発想は求める心から生まれてきます。

おもちゃでもなんでも、たくさんのものを与えれば与えるほど、水を与えすぎた植物と同じで、いざというときふんばれない軟弱な人間に育ってしまいます。遊び道具は家にあるもので。木枝や小石、新聞のチラシなど、遊び道具や遊び方を考え作るところから子どもの遊びは始まります。

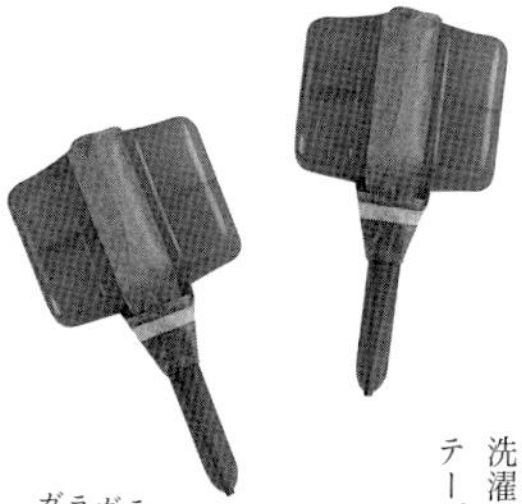


洗濯洗剤の計量スプーンをテープでとめて作った楽器

## 七　こころを込めて作られたものを使う

私たちがいくら商品を選んで買ったとしても、一度作られたものはそのまま消えてなくなるわけではありません。お店に陳列している商品も、倉庫で眠っている商品も、いずれはゴミとなって捨てられてゆくものです。

「大量生産して大量消費する」というサイクルは、続いても長くはありません。ひとつずつ丁寧にものを作り、選び、使っていける世の中になれたら、おかしなストレス病もなくなるかもしれません。

そんなにたくさんのものはなくても、ものを大事にしたいという思いを「ひらめき」に変えてゆくと、これがまたたのしい暮らしにつながってゆくのです。

## 八　資源ゴミの分別をがんばる

資源ゴミの分別方法は地域によってさまざまですが、リサイクルや再利用できるものはゴミにせずに、自然の力を残していきましょう。紙やびんなども、資源になるからといってじゃんじゃん使ってもよい、というわけではありません。リサイクルに出して、新しく生まれ変わった製品を使っていく。これは、せめて私たちにできることと、そのひとつです。

ゴミ収集日に積みあげられたゴミ山を見ていると、大きな袋に大量の缶が入ったものが捨ててあることがあります。それを見て、「なんてことだ」とつぶやきながら、ほんのたまにですが資源ゴミに出し直したりしています。

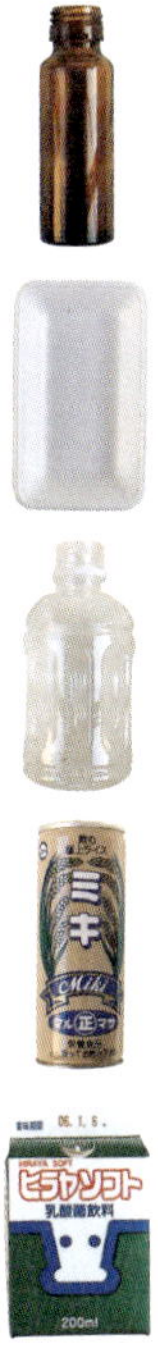

## ◉資源ゴミの分別方法（地域によって異なる場合もあります）

ペットボトル

飲み終えたあと水ですすぎます。タバコの吸い殻などが入ったものは、資源ではなくゴミになるので気をつけてください。パッケージをとって、キャップははずします。

缶

缶にはアルミ缶とスチール缶の二種類があります。運搬できる量を増やすためにつぶすかどうかは、ペットボトルも同様、地域によって異なります。

## びん

水ですすいで、ラベルは剥がします。ラベルはしばらく水につけておくと、するっとらくに剥がせます。

## 食品トレイ

最近になって、スーパーや公共施設などに回収ボックスが設置されるようになりました。回収されたトレイは新しいトレイに生まれ変わります。

## 古紙

ダンボール、雑誌、新聞、紙パック、コピー用紙などの種類に分けて、ひもでしばって出しましょう。粘着テープははがすこと。ホチキスも取りのぞいて、高品質な再生紙作りに協力を。

# 八

## 小さな花を飾ること

みそこし
フィルムケース／ヒメオドリコソウ

おちょこ／イヌホオズキ

しょうゆの容器／ヤエムグラ

レードルスタンド／コヒルガオ

枡／ヘビイチゴ

古いホーローの小皿／ナズナ

暮らしの中に自然があるのではなくて
自然の中に私たちの暮らしがあるのです。

# 九

## 小さな夢をもつこと

夢というものは、叶えたいと思えば叶えられる、そういうものだと思っています。夢というものは諦めたときに終わってしまう、そういうものだと思っています。

夢を叶えることはものすごくしんどくて、もう二度と味わいたくないことかもしれません。ものすごく孤独で、誰だってギブアップしたくなることかもしれません。

でも、「もうだめ」と思いそうになっても、そこをなんとかふんばってみましょう。どんなときでも、どんなことでも、体の力というのは、諦めた瞬間にスルスルと消えてゆくのです。

それが夢なの？　って笑われそうなくらい小さな小さな夢であっても。がんばったところで何になるかわからないような、小さな小さな夢であっても。人は夢があるからこそがんばってゆける。

それくらいで諦めないように。
それくらいの壁なんて乗り越えていけるように。
心の中には大きなはばたきの音を感じていたいです。

悲しいことがあったらどうしてる？
悲しいことだと思うまえに
まえに　歌をうたうようにしている
くじけそうになったときはどうしてる？
くじけてがんばることをやめてしまうまえに
まえに　出会ったときのこと
あのときのことを思いだすようにしている
負けそうになったときは？
泣きそうになったときは？
いつもより少し　ほんの少し遠くへ出かけたり

流れてきた涙で
涙で　頭の中がからっぽになるまで
泣いて泣いて　泣きつづけたりしている
「どんな夢でもいいの？」
「どんな夢でもいいの」
夢をもって笑っていること
夢をもってがんばっていること
夢
どんなに小さくても
がんばる力は夢の中から
中から　生まれてくる

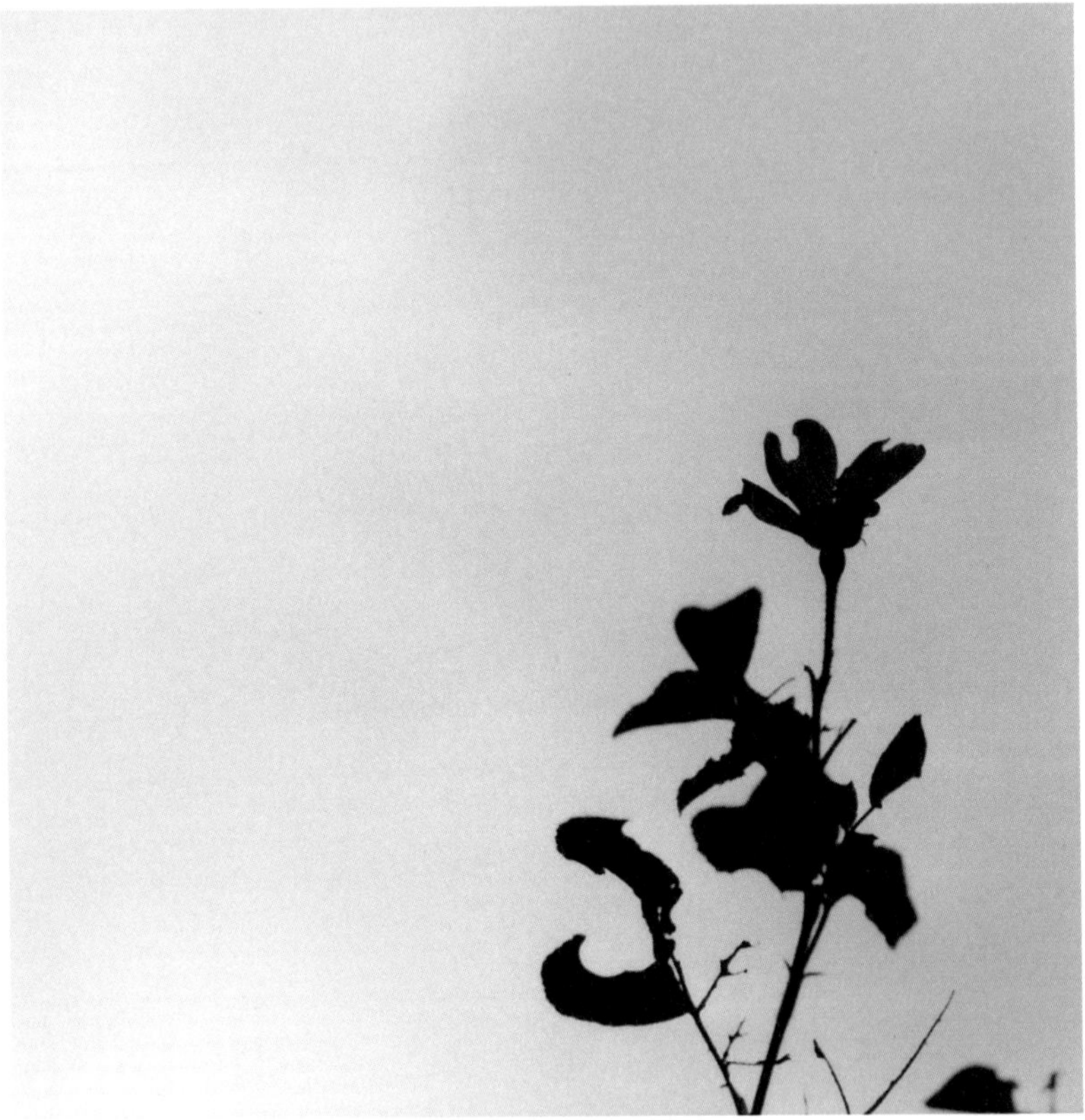

ときにはやさしく
ときには強く
はるか海を越えたむこうから
風は何度も何度でも
吹いてくる

# 十

## 小さなことを大切にすること

小さなことってどれくらいのことをいうのでしょう？

自分より小さなもの。あってもなくてもかまわないもの。誰にも気づいてもらえないもの。今にも消えてしまいそうなもの。

目に見えるものから人の気持ちのことまで、数えはじめたらキリがないほど、小さなことはたくさんあります。

昨年の、ハマカンゾウの花が静かに揺れる季節。いつもの、風の吹くまま気の向くままの気分で、ふらりと三重へ出かけました。

私は肝心なところが男っぽく、旅の支度は適当で、思い出の土産ものも滅多に買ったりしないのですが、そのときはめずらしく、祖母にみかんの形をした飴を買って送りました。

飴がおいしそうというよりも、本物のみかん箱にそっくりな入れ物を「かわいいもの好き」の祖母は気に入るだろう思ったのです。

小さな手紙をそえて、六百円ほどの手のひらサイズのものを一箱だけ。祖母は届くとすぐに電話をくれて「旅先でおばあちゃんのことを思い出してくれて、ありがとうねぇ」と涙声で言いました。飴のことでもなく。箱のことでもなく。

祖母は自分のことを「思い出してくれたこと」がうれしかったのです。私はふだんの無精も反省しつつ、あたりまえのことですが、人を思う気持ちが手紙を綴る言葉になり、贈るモノとなることを思い出しました。

小さなこと。大きなこと。

私がシンプルだと思うものは、「小さなこと」が多いです。

「小さなこと」というのは、見る人の目の高さでも変わってきますが、大きなものばかり見ていると見えなくなってしまうものです。時間に追われていたり、自分のことばかり考えていると、すぐそこにあっても、気づかなくなってしまうものです。

大切なことはいつもこころの中にあります。

小さなことを忘れないシンプルな気持ちをもちながら、これからも訪れてくる日々を大切に暮らしてゆきたいと思っています。

## おわりに

生まれてこのかた、たくさんの出会いにめぐまれてきました。ただ、通りすぎるだけのものも出会いのひとつとするなら、それはきっと、夜空に浮かぶ星の数ほどになるでしょう。

その中でふと、足をとめる出会いもありました。知らんふりもできればそれっきりにもできたはずなのに、ふしぎなものです。いろんな巡りあわせに囲まれながら、今のわたしは、ちょうどここにいるのです。

二〇〇〇年の七月、花の仕事をはじめようと、まずは花の名前をひとつずつ覚えはじめました。花はたしかに「好き」ではありましたが、何の知識もセンスもなく、まったくの手ぶら状態でのスタート。当時のことは振りかえるだけでも胃がいたくなるほど（笑）、とにかく毎日毎日もんもんと、小さな部屋の中で花と向きあう日々だけが続いていました。

花の仕事ってなんだろう？　花を通して、わたしの思うことって伝えられるのだろうか？

ぐるぐると迷いや考えが渦まくなか、小さな花束からウエディングのブーケが作れるまで、仕事として認められる技術を身につけるために、表参道の路上やコンビニエンスストアの中で花束を売っていたこともありました。なんてったって、食べていかなくてはなりません。好きなこととやるべきこと、やりたいことは、生半可な努力では接点は作れないのです。

花のことをもっと知りたい。花にもっと近づきたい。

いろいろな思いもあって「自分は〝花〟に関わっていこう」と決めたのですが、お花屋さんでたおやかに咲く花もあれば、自然の中でたった一輪を咲かせる花もあります。愛でるのか育てるのか、あるいは売るのか食べてしまうのか。花は花でも、関わり方でずいぶん見え方が違ってくるということは、花の仕事をしてからはじめて気づいたことでした。

とにかくセンスがなかったということもあり、本当にもんもんとしていたのです。そして、そのもんもんとしていた頃に考えていたのが、この本にまとめた、シンプルな気持ちで暮らすための十か条でした。

「しんぷるらいふの十か条」は、私の中にある底辺です。甘い、酸っぱい、苦い、辛い（甘いはめったにありませんでしたが）、いろんな味を噛みしめながら過ごしてきたこれまでのことと、これからもずっと大事にしてゆきたいものを詰め込みながら作った一冊です。

この本を作っているときに、『千と千尋の神隠し』という映画を何度も何度も見ました。

ふしぎな国に迷い込んだ千尋が生きていくための手段として「働く」ために、湯屋の最上階の超豪華な部屋に住む湯婆婆《ゆばーば》に、仕事をもらいに行くというシーンがあります。

千尋は、いわゆるいまどきの十歳の女の子です。いくつもの難関を乗り越えてなんとか湯婆婆の前へ立つことができるのですが、もじもじする千尋を見て、湯婆婆は渋い声でこう言ったのです。

「誰かが世話をやいてくれたんだね」

その言葉が耳に入った瞬間、ハタハタと涙が流れ落ちました。ついつい我が道を走りがちで、「全力でがんばる」ことに得意顔をしていた自分の影が、小さく小さく見えたのでした。

ほんとうにそうなのですね。何をするにも、がんばるというのは結局は自分ひとりのことですが、そこにはいつも、星の数ほどの出会いの中で立ち止まってくれた人がいるからこそ、できてきたことなのです。

手をかしてくれた人も、つぶやく声に耳を澄ましてくれた人も、じっと見守ってくれた人も。

星の数ほどの出会いの中で立ち止まってくれた人がいてくれたから、わたしは今、ちょうどここにいるのです。

祖母へ感謝の気持ちをこめながら
こころに花を

かわしまよう子

小さな花を咲かせるための「しんぷるらいふ」は、ほんとうは十一か条あります。

十一　旅をすること　　これで全部です。

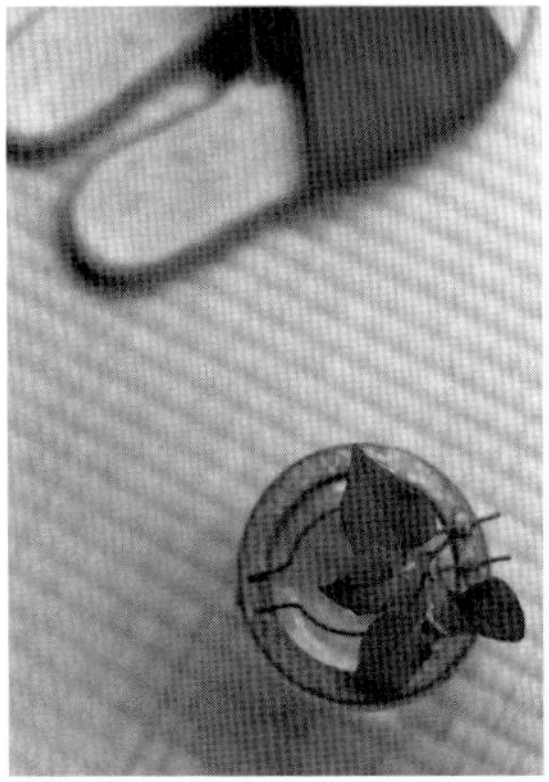

かわしまよう子　文・写真・構成
1974年、鹿児島県生まれ。
2000年より、雑草を中心とした草花の仕事をはじめる。著書に『草手帖』、『草かざり』（以上ポプラ社）、『はなのほん』（アノニマ・スタジオ）。小さな手づくりの本に『ごみのほん』『なまえのほん』『たびのほん』などがある。自然の大切さをテーマに、雑誌などで花関係の仕事を手がける。

＊本書は雑誌「装苑」に連載（2005年2月～12月）された原稿に加筆し、構成しました。

# しんぷるらいふ　かわしまよう子

2006年4月14日　初版第1刷　発行
2009年7月7日　初版第2刷　発行

発行人　前田哲次
編集人　丹治史彦
発行所　アノニマ・スタジオ
東京都台東区蔵前2-14-14
〒111-0051
電話　03-6699-1064
ファクス　03-6699-1070
http://www.anonima-studio.com

発売元　KTC中央出版
東京都台東区蔵前2-14-14
〒111-0051

印刷・製本　凸版印刷株式会社
PD　金子雅一（凸版印刷）
進行　藤井崇宏（凸版印刷）
用紙　奥秋真一（朝日紙業）


定価はカバーに表示してあります。
ISBN978-4-87758-627-0 C2076

アノニマ・スタジオは、
風や光のささやきに耳をすまし、
暮らしの中の小さな発見を大切にひろい集め、
日々ささやかなよろこびを見つける人と一緒に
本を作ってゆくスタジオです。
遠くに住む友人から届いた手紙のように、
何度も手にとって読みかえしたくなる本、
その本があるだけで、
自分の部屋があたたかく輝いて思えるような本を。